내 이름을 찾았다

내 이름을 찾았다
시산맥 서정시선 061

초판 1쇄 발행 | 2019년 10월 30일

지 은 이 | 박정양
펴 낸 이 | 문정영
펴 낸 곳 | 시산맥사
편집주간 | 이성렬
편집위원 | 강경희 안차애 오현정 정재분
등록번호 | 제300-2013-12호
등록일자 | 2009년 4월 15일
주   소 | 03131 서울특별시 종로구 율곡로 6길 36,
         월드오피스텔 1102호
전   화 | 02-764-8722, 010-8894-8722
전자우편 | poemmtss@hanmail.net
시산맥카페 | http://cafe.daum.net/poemmtss

ISBN 979-11-6243-089-7 03810

값 9,000원

* 이 책은 전부 또는 일부 내용을 재사용하려면 반드시 저작권자와 시산맥사의 동의를 받아야 합니다.
* 이 도서의 국립중앙도서관 출판시도서목록(CIP)은 서지정보유통지원시스템 홈페이지(http://seoji.nl.go.kr)와 국가자료공동목록시스템(http://www.nl.go.kr/kolisnet)에서 이용하실 수 있습니다. (CIP제어번호 : CIP2019041998)

* 이 시집은 교보문고와 연계하여 전자책으로도 발간되었습니다.
* 이 도서는 카카오톡 선물하기 〈독서의 계절〉에서도 구입할 수 있습니다.

내 이름을 찾았다

박정양 시집

* 본문 페이지에서 한 연이 첫 번째 행에서 시작될 때에는 〈 표기를 합니다.

■ 시인의 말

내 출생지는 오지 중에 오지였습니다.

부모님들은 딸자식들 공부는 염두에 두지 않았습니다.

다 못 배운 한을 평생 가슴에 두고 살았습니다.

이제 노년에 이 복된 배움의 기회와 좋은 선생님 만나

시를 쓰게 되어 한을 풀었습니다.

우리나라 복지정책에 감사드리고 선생님들께 감사합니다.

이 짧은 글 세상에 내놓아 참 부끄럽습니다.

2019년 가을, 박정양

■ 차 례

1부

초겨울 민들레 - 19
무상한 세월 - 20
동행 - 21
군자란 - 22
국화차 - 23
건망증 - 24
거울 - 25
오래된 벼루 - 26
사근동 고갯길 - 27
둥지 잃은 참새 부부 - 28
자연의 사계^{四季} - 29
우수경칩 무렵 - 30
숲속의 궁전 - 31

2부

버려진 장롱 - 35
비닐새 - 36
내 몸의 독소를 찾아서 - 37
재건축 - 38

생사의 길목에서 - 40
내 이름은 없었다 - 42
백세 시어머니를 모시고 - 44
백발 - 45
옷걸이의 옹고집 - 46
열대야 - 47
말의 씨앗 - 48
한여름 밤의 전쟁 - 49
노인재활병원에서 - 50
겨울 담쟁이 - 51

3부

라일락 - 55
라일락2 - 56
창틀 화단 - 57
눈 - 58
위기의 민들레 - 59
외로운 달맞이꽃 - 60
안개꽃 - 61
무적의 바람 - 62
도라지꽃 - 63

능소화 – 64

공원의 꽃잔치 – 65

석류 – 66

봄의 향기 – 67

4부

추사 기념관 – 71

지구는 몸살 중 – 72

정지용문학관 – 73

소금꽃 – 74

붕어빵 – 75

모래바람 – 76

미세먼지 없던 날 – 77

충신은 영원하다 – 78

음식물 쓰레기 – 79

소나무 분재 – 80

백제 기행 – 81

가평 이화원 – 82

컴퓨터 선생님 – 83

가족농장 – 84

핸드폰의 위력 – 85

5부

신랑 없는 결혼식 — 89
신랑 없는 결혼식 2 — 90
찔레순 — 92
자운영꽃 — 93
도깨비불 — 94
도깨비불 2 — 95
짝 잃은 외기러기 — 96
용담호 — 97
뒤돌아본 길 — 98
감나무 영감님 — 99
눈밭 사진 — 100
네 잎 크로버 — 101
삼일절 백주년 — 102
독도 — 103
잔인한 가을 — 104

■ **해설** | 지하선(시인) — 107

1부

초겨울 민들레

계절을 망각한 채
마당에 핀 민들레

노란 등 들고
기세등등 천방지축이다

운동장에 뛰노는 아이들처럼
닥쳐올 운명도 모른 채

저 어린 것들 언제
된서리에 허리 꺾일까

바람 소리마다
가슴 도려내는 아픔일 텐데

어찌할까
강철 같은 계절이여

무상無常한 세월

노을 속에 잠긴
우리들의 시간이 무너져간다
세월은 무엇이고
계절은 무엇이냐

서예 동아리 친구들
황혼을 건너
하나둘 떠나고 있다

올해로 벌써
형님 두 분이 못 나오신다

이젠 누구 차례인가
예측할 수 없는 시간
얼마나 남았을까

섣달그믐쯤 서 있는 나
저 허공 속에 가는 세월
잡을 수도 묶을 수도 없어
속수무책 바라만 본다

동행

내 육신 좀 먹는 스트레스
이십 대 새댁부터 시작된
고부갈등 육십여 년

어린 자식 먼저 보낸 죄책감
삭이지 못하고
목젖까지 차오르며
등덜미 잡고 따라온다

허공을 떠도는 그림자 하나
맘 둘 곳 없어 시름시름 지쳐만 간다

세월의 갈피마다
빛바랜 시간들
누렇게 떠버린 뼛속까지
욱신거리며 온몸을 파고든다

오랜 가슴앓이
노을 진 한숨으로 늘 같이 간다

군자란

몇십 년 한집 식구로
살아왔는데
하룻밤 방심으로
그리 허망하게 떠나가다니

봄이면 짙은 향 꽃대 세우고
군자답게 대쪽같이 곧은길만 가더니
이렇게도 속수무책 꺾일 줄이야

거센 한파 예리한 칼바람이
얼마나 괴롭고 두려웠을까

생명의 계절이 와도
너는 가고 나만 봄이 구나

국화차

초대받은 동생 집
진수성찬에 후식은
국화차였다

쓴맛에 대명사로 알았던 구절초
은은한 향에 쌉쌀한 이 맛
내 마음 사로잡는다

만상이 잠든 밤
동생의 마음을 우려낸
따끈따끈한 정情 한 잔

꽃술 홀홀 불어 음미하는
찻잔 속에서 꽃이 활짝 피어난다
향기 짙은 꽃 한 송이
내 불면 꽉 쥐고 날아간다

건망증

언제부턴가
찰거머리처럼
내 안에
들러붙어
일상을 망각의 늪으로
몰아가는 너

세월의 그물로
겹겹이 좁혀 온다

깜짝 놀란 가슴
쓸어내리기 일쑤
이번에도
새까맣게 재가 된 빨래

순간
또 당했구나
검은 그림자가
공포처럼 스쳐 간다

거울

너무나 낯설어 그냥 스쳐 가다가
그래도 아쉬워 다시 와 들여다보니
초라한 얼굴이 물끄러미 서 있네

머리는 백발
눈빛은 뒤통수로 당기고
얼굴에 내 천자가 수십 수백 개
아무리 세월이 쏜살같다 하지만
어느새 이리되었나 물어보고 싶지만
입안에서만 오물오물 말문이 막힌다

그래
어쩔 수 없이 때가 되었나 보다

오래된 벼루

너를 안고 먹을 갈면 행복했네
온 세상을 다 얻은 듯

은은한 묵향은 집 안을 가득 채우고
내 마음 고요히 정화되었네

붓끝에 내 인생은
미지를 찾아가는 등불이었네

20여 년 함께했던 세월
얼마나 사랑했는데
얼마나 내 마음 사로잡았는데

막을 수 없는 황혼 길 점점 다가올수록
묵향에 출렁이던 화선지는 멀어지고 있네

사근동 고갯길

실바람 안은 고갯마루
산새들 노랫소리 반겨주는
신록의 무릎에 앉았다

흰 구름 사이로 빛바랜
낮달이 이채롭다

산기슭에 옹기종기
싱그러운 야채밭
유기농이라고
시각 미각 건강에도 한몫한다고

옛날의 헌 누더기 벗어 던지고
열목어 버들치 마음껏 활개 치는
맑은 물이라고
한강에서 바다까지 함께 간다고

길 건너 저만치 청계천이
두런거린다

둥지 잃은 참새 부부

재건축이다 리모델링이다
처마 끝 알뜰했던 보금자리 잃었다

몇 날 며칠을 하소연했지만
아무도 들어주는 이 없는
냉정한 현실 잊었는가 했더니

몇 년 만에 부부가 찾아왔다
현관 앞에 톡톡 뛰며
여기 보고 짹 저기 보고 짹짹
안녕하세요
오 반갑구나
어디서 잘 살다 왔니
담장 위로 쪼르르 오르면서
안녕 짹

그때가
마지막 하직 인사였나
떠나가면 다시 오지 못하는 시간
허무함뿐이다

자연의 사계^{四季}

봄은 누구를 위하여
씨를 뿌리고 꽃을 피우는가
오직 가을을 위하여
만물을 회생시키는
봄은 가을의 머슴인가

여름은 하청업자
탱탱한 열매 살찌우고
초록파도 넘실대며 오곡백과 익어가는 소리
가을에게 몽땅 바친다

가만히 앉아서 부자가 된 가을
창고마다 차곡차곡 채워놓고
나는 이 세상 대지주라 콧대 세운다

저 시베리아 북풍 몰아다 탁 부려놓고
겨울이 윽박지르니 당황한 가을
다 내어주고 같이 살자
고대광실 높은 집에
잘 먹고 잘산다
겨울은 얌체족

우수 경칩 무렵

눈을 감으면
생명이 꿈틀거리는
심장소리 들린다

겨우내 춥고 목말랐던
만물들 몸 안에
피돌기 시작하고
세포들이 분주하다

땅속 둥지 튼 새싹들은
웅크렸던 몸 활짝 연다

사람들 옷차림도 가벼워지고
거리에는 속삭임 하듯
사각사각 활기가 살아난다

숲속의 궁전

해맑은 웃음 반가운 친구들
무더위에 지친 심신 안고
용문행 전철을 탔다

여름 손님 부르는
정 어린 목소리
어서 오세요

맑은 바람 인사하고
청아한 새소리 손님을 맞는데
꽃들로 차린 최고의 밥상에 맛좋은 반찬
귀빈으로 환대를 한다

졸졸졸 계곡의 맑은 물이
세상 먼지 더러움 다 씻어주니
탄력 잃은 내 가슴에 청량제가 되는

여기가 천상의 무릉도원인가보다

2부

버려진 장롱

주인에게 버림받고
거리에 내몰린 장롱
폐기물이란 이름표 달고
간밤 진눈깨비에
눈물만 뚝뚝 흘린다

보릿고개 칠궁기 때 같으면
혼숫감도 마다하지 않을 너

한때는 주인 사랑 독차지하고
세간들의 우두머리 호령도 했을 텐데
물질만능시대 희생물이 되어
어디쯤 끌려가
호된 고문에 육중한 몸
산산이 부서져 바람에 시달린다

억울함일까 분노일까
온몸 부르르 떤다

비닐새

이른 봄 화창하지만 쌀쌀한 날
옛날처럼 장작불 난로가 있는
관광 전용 열차
하늘과 땅이 맞닿은 듯
고요를 넘어 적막을 달린다

좁은 산골 종착역 차창 너머 분명
검은 새들의 날갯짓이 보인다

찢겨진 영혼들이 한설寒雪을 타고
허공 따라 펄럭인다

꽃이 되었다가 잎도 되고 새도 되었다가
처참하게 흔들리다
서쪽 하늘 끝자락 잡고
서서히 노을 속으로 사라진다

어디서 무엇이 되어 다시 돌아올까

갈기갈기 찢긴 상처투성이
지난 가을걷이 때 버려진 폐비닐

내 몸의 독소를 찾아서

순한 양이 되어
입을 벌리라면 벌리고
약물을 머금으라면 머금고
삼키라면 삼키고
플라스틱 재갈을 물고 옆으로 누웠다

불꽃을 입에 문 검은 물체
어두운 목구멍으로 내려간다
꿈틀거리며 바닥까지
구석구석 탐색한다

입에서는 침이
뱃속에서는 대혼란이 이는데
이윽고 낚싯줄이 드리운다
순간 확 낚아챈다

그 정체는 무엇일까

재건축

다 늘그막에 새 성주를 하자니 무척 힘이 든다
자식들은 다 알아서 한다지만
내 마음은 엉킨 실타래다

몇 달이지만 어떻게 할까
고심 끝에 갈 곳을 정하고
이사를 시작하니
몸도 마음도 다 늙어 자신도 없다

짐도 많고 일도 많다
구석구석 추억 묻은 짐들이
많이도 쏟아져 나온다
무엇을 버리고 무엇을 데려가나
모두가 분신 같은데

같이 가자고 눈치 보며 애원한다
아직은 젊고 튼튼한 장롱 식탁
그렇게 감싸 안던 세간들 만져 보고 쓰다듬고
그래 가거라 너와 나의 인연은 이것뿐

세상 따라 살자 눈 딱 감는다

살기 좋은 세상 돈이 이사다
입에 혀같이 움직여 준다
옛날 같으면 대를 이을 가구들
이렇게 버려도 되나
잠 못 들고 뒤척이다가
아직은 같이 가야 할 이승의 짐짝만 가지고 간다

생사의 길목에서

검은 먹구름이 요동치는 순간
거센 광풍 몰아친다

산더미 같은 어지럼증이
나를 안고 허공으로 곤두박질한다

천 길 낭떠러지
심장박동은 꺼져가고
내 영혼은 일분일초에도
지구를 몇 바퀴씩 돈다

나흘째 되는 날
코에는 호스 입에는 재갈
수족은 침대에 묶이고
심한 고문에서 풀려난 듯

미스터리의 시간 속
아스라이 사라져가는
마지막 생명선 잡고

발버둥 친다

여명이 밝아오는 순간
의식의 혼불이 당겨진다

내 이름은 없었다

뉘 집 딸로 태어나
누구의 언니고 동생이었지
내 이름은 없었다

결혼을 했어도
어느 댁 며느리고
아무개 아내였다
자식을 낳으니
누구의 엄마
또 손자를 보니
누구 할머니다
어디를 가도 내 이름은 없다

다 늘그막에
내 이름을 찾았다

복지관 선생님이 부르면
동심을 만나고
친구들이 부르면

되돌아온 젊음이 뛸 듯이 반갑다

되찾은 내 이름 석 자
여기 묵화에도 저기 책갈피에도
푸릇푸릇 살아 있다

백세 시어머니를 모시고

옛말에
아낙네들 시집살이가
누워서 명주꾸리 하나 감기만 했다지요
그 세월 육십여 년 살았습니다

서릿발 같던 성정도
어느덧 무뎌지고
철없는 아이처럼
응석 부리는 모습 볼 때면
인생의 무상함을 새삼 느낍니다

싸락눈 휘날리며
수선했던 날들은 세월 속에 묻어버리고
어머님은 노인정에
며느리는 복지관에
함께 등 굽은 황혼 길을 갑니다

백발

나는 소중한 것을 잃고도
증거도 물증도 없으니
도난신고도 못 하고 냉가슴 앓았다

윤기 나던 단발머리 파마머리
어느 도둑이 훔쳐 갔는지
갈수록 무너지고

만만치 않은 위장술
허술한 틈을 타
완전 정복당하고

이 정체는 무엇인가 무엇인가
생각하고 찾다 보니
세월이란 괴물이
혼자 가긴 외롭다고
동행을 강요했나보다

어쩌랴 백발이 나의 세월을 훔쳐 간 것을

옷걸이의 옹고집

내 어깨를 대신해
옷을 지고 있는 옷걸이

얌전하고 넉넉하다가도
어쩌다 빈 몸끼리 부딪치면

저 야생동물 수컷들
생사를 걸고 뿔 엉키듯 확
휘어잡은 손 놓지 않는다

빈 수레가 요란하듯
짐을 지지 않으면
허전한 모양이다

열대야

온종일 쏟아낸 고열
어둡게 팽창된 밤이면
음흉한 야수로 돌변해온다

끈적끈적 고열의 진액으로
온몸을 휘감는다

바람도 숨죽이는 시간
그는 더 기승을 부린다

불면의 통증으로
뒤척이는 밤
시커먼 공포감으로 다가온다

그의 열정은 식을 줄 몰라
새벽이 열리고 아침이 되고
해가 뜨면 또 고열 또 시작이다

말의 씨앗

하루에도 수없이
쏘아대는 말 말 말
허공으로 사라지고
지하에 묻히겠지만
어디서 무엇이 될까

탱탱한 열매도 맺고
꽃씨도 되고 불씨도 되고
부메랑도 될 수 있겠지

부드러운 말 화합을 이루지만
모난 말 가슴에 못 박기도 하겠지

혀끝에 도끼 들었다 했는데
말은 선과 악이 함께 사는 존재
새삼 내 뒤를 돌아보았지

한여름 밤의 전쟁

불만 끄면 웽웽
모기란 놈 시비를 건다
머리끝까지 약이 오른다

웽! 달려들면 요놈?
사정없이 찰싹 내리쳐도
이리저리 헛손질만 한다
온몸 북 북
발갛게 얼얼하다

그래 밝은 데서 정면 승부를 가리자
요놈들
아무리 찾아봐도 간 곳이 없다
더 이상 숨바꼭질할 수도 없어
놓치고 생각하니

모기 한 마리 이기지 못하는 주제에
평생을 어찌 살았을까
나약한 자신이 부끄럽기만 하다

노인재활병원에서

시간이 정지된 듯한 병실
희미한 겨울 햇살이 느릿느릿
쇠잔한 삶을 어루만진다

희로애락 아련한 세월의 갈피갈피
하루하루 끊길 듯 이어가는
실낱같은 목숨 줄 그러잡고 있다

차안^{此岸}과 피안^{彼岸}의
갈림길에서
지우지 못하는 추억만 넘기다
방향을 잃었나보다

먼 고려시대의 고려장 이야기
섬광처럼 뇌리를 스치며
현대식 고려장인가
쓸쓸한 마음 금할 길 없다

겨울 담쟁이

수채화 물감 풀어 농담 찍고
화려했던 벽화
어느 바람에 쓸려 보내고

맨손으로 담벼락 움켜잡은 손등
할퀴고 찢기고 상처투성이
핏줄마저 말랐구나

겨울 독기에도 주눅 들지 말고
괴로움 삭이고 눈물 감추어
네 안을 단단히 버티어내면
기적처럼
새봄의 요정이 너를 찾아올 거야

고즈넉이 기다리는 너에게
햇살 한 아름 펼쳐 놓고
푸른 융단 깔아 놓으면
담장엔 환희의 문이 활짝 열릴 거야

3부

라일락

담 밑에 회초리 하나 심어놓고
여리고 못 미더워
저게 언제 자라 제 몫을 할까

세월은 어느새 담을 훌쩍 넘어
성숙한 여인처럼 자라더니
아름다운 미모 당당하게 뽐낸다

풍만하고 요염한 자태 그윽한 향기
오가는 발걸음 멈추게 하고
창문 열면 살랑살랑 미소 짓는다

척박한 땅에서 어떻게 저리 곱게 자랐을까
대견하고 예쁘고 고맙기만 하다

라일락 2

개나리 진달래 다 피워놓고
뒤늦게 손 내미는
황홀한 향기 요염한 자태

사람들의 눈길 끄는 찰나
비바람에 고개 떨군 채
나를 보고 눈물 뚝뚝 하소연한다

일 년의 기다림이 참으로
애처롭다

못다 이룬 사랑, 스러져 가는 것이
너뿐이더냐
인간사 만물이 매한가지인 것을

창틀 화단

예쁜 꽃 몇 포기 좁은 창틀에 심었더니
새 보금자리 적응하기도 전에
소낙비가 이리저리 뺨을 때린다
피멍 든 얼굴에 눈물이 폭포수

수로를 내고 비닐 씌워 달래줬더니
며칠 후 상처는 간곳없고
팔랑팔랑 새살이 돋아 방긋 웃는다

아침 일찍 창문 열면
꽃 속에서 청아한 새소리
안녕하세요 잘 잤어요
튼실한 꽃송이들 인사가 바쁘다

무더운 여름날 아침
청량한 대화가 피어난다

눈

하늘과 땅이 맞닿은 듯한
설원을 달렸다

사철 푸르다는 소나무도
도도히 흐르던 한강도
하이얀 옷을 입었다

까만 아스팔트길도
지저분한 쓰레기장도
온 세상이 한마음 한뜻
평화롭고 공평하다

모든 허물 덮어주고
이렇게 살 순 없을까

위기의 민들레

담장 밑에 작고 가녀린
민들레꽃
누구의 전령을 받았는지
너무 성급했구나
동장군 가로막아 봄은 아직도 못 오는데
기다림에 지쳐 속울음 운다

찬바람이 온몸을 파고드는
아직도 풀지 못한 겨울 독기
바람 소리마다 살을 에는 아픔인데
거센 바람 된서리가 때려도
신음 소리 비명 소리 내지 말고
인내심으로 꼭 참고 기다려라

머지않아 봄이 오면
홀씨 망태기 메고 우주여행도 가야지

외로운 달맞이꽃

산 그림자 내려오면
하늘만 바라보던
노란 웃음꽃
오매불망 임 마중에 바쁘다

동산 위에 둥실 뜬 달
눈길 한번 주지 않고
구름 속만 들락날락
애간장만 태우네

그래도 못 잊어
달그림자 따라가는 달맞이꽃
억새꽃에 찢기고
찬 서리에 뺨 맞고
임은 놓친 채
짝사랑의 고배

아침 해님 포옹에
고개 숙인 채 그만 울어버렸네

안개꽃

하얗게 핀 꽃구름
한 수레 끌어안고
꽃 잔치에 갑니다

해맑은 꽃들의 배경 되어
향기롭고 우아하게
더욱 빛나는 안개꽃

가녀리고 어린 가지
지심의 봉사 정신

무적의 바람

형체도 없고 맛도 색도 없는 것이
세계를 지배한다

잔잔한 바다의 뺨을 때려
평지풍파도 일으키고
산과 들의 큰 고목들 팔다리도
잘라놓고 뿌리째 뽑기도 한다

이 좋은 힘 어디에 쓸까
큰 창고에 차곡차곡 쌓아두었다가
심술쟁이 나쁜 괴물 둘둘 말아
은하강 멀리 던져버리고
늦은 밤길 아녀자들
등하굣길 우리 아가들
호신 무기로 쓰면
근심 걱정 없는 세상이 되겠지

도라지꽃

외로움에 젖었나
심심 산에 핀 도라지꽃
아침이슬 입 맞추네

온 산을 품었구나
흰 저고리 옥색 치마
여민 자락 고아라

노루도 알아본 흙 속의 하얀 보물
한 해 두 해 더할수록
천하제일 명약이라네

능소화

부귀영화 꿈을 안고
산간벽지 어린 처녀
구중궁궐 입성했네

여인 천하 암투로
임금님 코끝도 못 본 채
홀로 몸부림치다
그만 숨을 거뒀네

망자는 억울하게
대궐에서 담 너머 던져졌지만
임금님 보겠다는 일념으로
높은 담 위 한 서린 영혼은
화려한 꽃으로 다시 환생했다네

공원의 꽃잔치

미세먼지 황사먼지 극심하다지만
원망도 없이
제철 꽃 제대로 피워준 공원이네

화려한 진달래 개나리 피워놓고
라일락 향기도 피웠고
하얀 싸리꽃도 군락을 이루었네

나도 질세라 커다란 이팝나무
새하얀 쌀밥이 주렁주렁
벌 나비도 같이 먹자 윙윙
공원 전체가 백반집 잔치가 되었네

석류

새빨간 정열 풍만한 용모
예부터 다산의 상징으로 사랑받았다

탐스럽고 풍만한 가슴
확 열고 보면
알알이 영근 맑은 수정 알
금은보화 쏟아지는 듯
세상이 번쩍번쩍 빛이 난다

자연의 신비함
청량한 그 맛은 뉘라 싫을까

봄의 향기

골짜기마다 능선마다
짙푸르게 피는 녹색 향기
봄을 재촉한다
오래도록 기다린 나무들의
진초록 꿈이 어린다

불안하기만 했던 우듬지
잎과 꽃 툭툭 터지는 소리
가지마다 산벚꽃잎 분분히
꽃비 되어 날리고
산새들 목청껏 노래 부르면
내 가슴 마디마디 이미
봄의 향기 무르익는다

4부

추사 기념관

야트막한 산 아래
양지 녘
푸른 숲에 쌓인 생가
맞은편 기념관

어린 추사
어른 추사
근엄한 정좌로
방문객 맞이한다

조심조심 들어서니
묵향에 젖은 우수
살아 움직이는 듯
물이 흐르는 듯
초서체의 일필휘지
감동과 존경의 마음
고개부터 숙여진다

인장 수십 개
벼루 열 개가 밑창이 났다고 하니
죄 없는 죄 값에 먹을 더 갈았나 보다

지구는 몸살 중

파란 하늘에 매연이며 황사며
마구 쏘아 올린다

분노한 하늘은 먹구름을 부르고
속이 뒤틀린 먹구름은
대성통곡 눈물 쏟으며
폭풍우 쓰나미로 쓸어버린다

눈 감고 아웅 누가 볼세라
말 없는 바다는 폐기물 투척지
갈수록 바닷속 생명은 고갈되고
오염 투성이로 썩어간다고

이것저것 땅속을 마구 파먹어
텅 빈 지하는
중심 못 잡고 뒤뚱뒤뚱

천재^{天災}가 아닌 인재^{人災}로
지구는 지금 몸살 중

정지용문학관

휘돌아 드는 실개천은 흔적도 없고
생가도 협소하다

기념관은 엄숙하고 청아하며
시심에 젖은 발길 넘쳐난다

한창 젊은 청년들의 좌담회
한 세대 명인들의 위풍당당한 모습

병든 세월 풍파 속에
광대한 명시들 제대로 표출 못 한 채
너무 일찍 사라지지 않았나
안타까운 마음에 가슴 아프다

짧은 생애 영원한 예술
가슴 아리다

소금꽃

바닷속에 숨은 소금 찾아내는 수사대
참 위대한 사람들
염전의 염부(鹽釜)들

눈 덮인 들판처럼 반짝반짝
눈송이같이 하얀 소금꽃
빛나는 보석처럼 눈부시다

우리 식생활에 초석이 되는 생명체
세상에서 가장 무서운 물체
모든 것을 제압하는 막강한 힘

고개 빳빳이 세우고 서 있던 오이 50개
한순간에 제압당하고
흐느적흐느적 뼈 없는 물체가 되었다

짭짤한 시간 더할수록
사람도 위협한다고
얕보면 안 되겠지
바닷물에 숨어 산다고

붕어빵

하얀 눈발 속에서
금붕어가 춤을 춘다
노릿노릿 유혹의 몸짓
오고 가는 이의 발목을 잡는다

백수생활 지친 심정 잡아주는
붕어 잡이
신바람이 절로 난다
나도 어엿한 자영업자

아내의 밝은 미소
아이들 뛰노는 모습 그려보며
늦은 귀갓길도 즐겁기만 하다

모래바람

너는 형체도 없는 것이
우주 세계 만물을
양푼에 나물 무치듯
조몰락거리느냐

거대한 손바닥 펼쳐서
몽골 고비사막 중국의
미세먼지 황사먼지
다 쓸어 와서
예부터 금수강산
깨끗한 땅 맑은 하늘
오염으로 덮어씌우느냐

숨 쉬는 구멍마다
살아가는 틈새마다
끼어들어 괴롭히느냐

원수 같은 불청객
불러들이지 마라
제발

미세먼지 없던 날

이른 아침 창문 넘어온
파란 하늘 해맑은 날씨
이 얼마만이더냐

희뿌연 운해처럼
하늘빛 가로막아서고
사람들 마스크 차림
숨 막히게 갇혔던 날들

산 좋고 물 좋은 우리 금수강산이
언제부터 이렇게 되었을까
나 어릴 적에는 들어보지 못한 생소한 단어들
미세먼지 황사 대기오염 쓰레기
산업 발전 탓일까
사람들 욕심 탓일까
제발 1년 365일 오늘만 같아라

오랜만에 만나는 쾌청한 마음
오늘은 멀리까지 걸어가 보자

충신은 영원하다

고려 충신 신숭겸 장군의
장엄한 죽음
천년 세월 넘어도
어제처럼 생생하다

군왕 대신
적에게 빼앗긴 그의 목
대신하여 금으로 만들었다는데
임금님이 하사했다는
명당 중의 명당에
봉분 셋 중 어딘가에 누워 있다고 한다

장검을 휘두르고 적토마 달리던
장군의 모습, 순간 스쳐 가는데
그의 기개를 먹고 살아온 목신^{木臣}
오늘도 후손들을 향해 꼿꼿이 서 있다

음식물 쓰레기

씨앗부터 만고풍상 거쳐
식탁에 오르면 만찬이요
생명의 원천인데

개수대 떨어뜨린 밥알 몇 개
속절없이 버려지는구나

애절한 너의 울음소리 들린다
부주의가 너를 사지로 몰아넣었구나
순간의 실수가 이렇게 클 줄이야
이루지 못한 꿈을 원망하며
악취로 공해로 항의하는가

소나무 분재
- 제주분재공원

너는 전생에 무슨 죄를 지었기에
한평생 쇠사슬 결박 속에 사느냐
너무나 가여워 울 안으로 들어갔어요

메마른 땅에 깡보리밥
조금만 이탈하면
가차 없이 손발이 잘린다네요
다리 한번 펴보지 못한 채
채찍 따라 용트림으로 살아간다고

조상들의 기개
종족의 보전 위해
할 일은 다한다면서
알짱거리는 나를 보고
어서 나가라고
눈짓 손짓하네요

윤기가 자르르 흐르는 새순
노란 송홧가루 산들거리며
바람 타고 파란 하늘을 잘도 나네요

백제 기행
– 부여

서동왕자 선화공주 사랑노래
들리는 듯 보이는 듯
궁남지 연꽃 길을 걸어갑니다

고란사 은은한 종소리
백마강 황포돛대 휘감아 돌고
하염없이 떨어져 간 꽃송이들
서러움의 운무가 햇빛을 가립니다

찬란했던 역사
포용정의 기백이
연꽃으로 승화되어
수면 위로 솟아납니다

가평 이화원

영하의 날씨
산천은 흰 눈이 덮고 있는데
온화하고 따뜻한 여름 날씨
또 다른 세계로 들어갔어요

이름 모를 꽃들이 반겨주는 신천지

우리의 옛 고택도 징검다리도
세월을 넘어 추억이고요
기름진 땅에 열대 나무들
우거진 숲속으로 가는 길
맑게 흐르는 은하 같은 강은
이곳의 젖줄이고요

마음의 고향처럼
환한 빛으로 인도하네요
꽃그늘 아래 차 한 잔도 행복했어요

컴퓨터 선생님

우리 복지관 개관 이래
역사요 증인이요
공로자입니다

수업시간엔 좀 무뚝뚝한 듯해도
늙은 제자들에게
항상 자상하고 부드럽지요

밀려드는 수업으로
커피 한잔 제대로 못 마실 때도 있지만
컴퓨터실을 거쳐 간
컴맹탈출 노인들은 수백 수천은 될 것 같습니다

서울 한 귀퉁이 작은 방
컴맹퇴치 선생님

어두운 황혼길 밝은 눈으로
당당히 걸어가게 해줍니다

가족농장

보기만 해도 흐뭇한 풍광
오랜만에 포근한 어머니 품속 같은
흙 내음에 젖어본다

사촌동생의 가족농장
각종 채소들 먼저 보아 달라
나팔나팔 아우성
뿌리식물 오순도순 화목하고
열매 영글어 가는 소리 들린다

친인척 친구들을 위한
정자도 대형식탁도
목 축이는 휴식처

무공해 웰빙
채소선물도 듬뿍
메마른 내 가슴에 단비가 되었던
즐거운 오늘 하루

핸드폰의 위력

손안에
쏙 들어오는 존재가
전 세계인의 일상을 잡고 흔든다

마법의 신호에 따라
온 지구촌 어디든지
일분일초 시시각각
대화도 척척
대답도 척척

발달한 물질문명
어디까지 갈까
이보다 빠르고 편리한 것
어디 또 있나

다음 세대 사람들은 무엇을 하고 어떻게 살 것인가

5부

신랑 없는 결혼식
- 운명

하늘도 울고 땅도 울던 전쟁 시절
논산 훈련소에 군 복무 중인
아들의 편지 한 통만 믿고 매파를 놓았고
신부 집에선 사진 한 장과 매파 말을 믿고
혼사가 성사되었지

결혼식 날 초례청 차려놓고 기다리는 신부 집
함진아비 앞세운 상객들만 당도했으니
신부 어머니 화가 나
오시(午時)에는 나무 막대라도 신랑 자리에 세우라고
납폐라도 올리라고 옥신각신했지

결국 납폐는 올려졌지만
신랑 없이 신부를 데려가겠다고 실랑이하는데
참다못한 신부가 대담하게
내 운명이면 따라가겠노라고 나섰지

동짓달 짧은 해는 서산에 뉘엿뉘엿
신랑 없는 신행길 가마는 멀리 동구 밖으로 사라지고
허탈한 신부 집엔 적막만 감돌았지

신랑 없는 결혼식 2
– 단짝친구

신행길은 무사히 도착했지만
신랑 없는 첫날밤을 보내고
시댁의 첫날 위로를 받았지

시간은 멈추지 않아
다음해 정월 보름에 친정 나들이 왔지
쪽진 딸의 머리를 본 어머니
당장 머리 내리라고 호통 치니
댕기머리하고 상심으로 지새던 봄날
마을 뒤 언덕에 앉아 하소연을 듣는데
누가 손 흔들며 숨차게 달려왔지

'순이 신랑 왔어'
이미 집 앞에는 건장한 군인이 서 있었지
그날로 가서 곶감 대추 식 올리고 첫날 밤 보내니
결혼식은 종지부를 찍었지

일생 살면서 남 결혼식 이야기만 하면

입을 손으로 막아주고 조그마한 언성에도
내 애간장 녹인 사람! 하면
입 딱 봉합하여 부부싸움 한번 한 적 없었다고
여러 남매 최고 학벌 제 갈 길 가고
신혼부부처럼 옛말하며 잘살고 있다지

몇 년 전 소식 지금도
건강하고 행복하리라 믿고 싶다 친구야

찔레순

지금도 고향에는 찔레순 돋겠지
철없던 유년 시절 찔레꽃 필 때면
허리에 책 보따리 질끈 동여매고

하얀 꽃 덤불 속 예쁘고 통통한 모습
너무도 반가웠지
이 덤불 저 덤불 헤매다 보면 어느새 한 다발

친구들 눈 휘둥글 손뼉도 치고
뒤쫓아 다니던 친구는 화를 냈지
운동장 벚꽃나무 그늘에 앉아
찔레순 벗겨 먹을 땐 내가 우상이었지

황혼길 걸어가며 회상해보는데
지금은 어느 하늘 아래 살고 있는지

자운영꽃

종달새 날고 벌 나비 윙윙거리는
봄이면
저 지평선 들녘에
개나리 진달래와 지천으로 피었다

종합병원 간호사실
어머 자운영! 하고
고향 친구 만난 듯
덥석 감싸 안았다
이름도 모르고 키웠던 간호사
이름이 예쁘다며 반가워한다

농부들 연한 가랑잎 꺾어 논에 깔고
비료도 농약도 없을 때 퇴비로 쓰던 꽃
하루에 다섯 번 식사 준비 바쁘던 아낙들 수고
자운영꽃이 퇴비가 되던 훈훈한 농촌 풍경

해가 갈수록 그때 그 시절의 향기였던
자운영 꽃내음이 그리워진다

도깨비불

비 갠 날 어스름이 깔리면
더 기승을 부렸던 도깨비불
흩어졌다 모아졌다 번쩍번쩍
현란한 공포 영화 극장

심신 허한 사람이나 취객들
밤새 끌려 다니다
아침에 보면
몽당 빗자루나 부지깽이였다는 속설도 있었는데

우주를 떠돌던 원주민이었을까
한 많은 유령들의 방황이었을까
밤을 중심으로 허상 속에 뛰놀던
그때가 항상 내 뇌리에 맴돈다

도깨비불 2

해마다 정월 상달 좋은 날은 도씨 제삿날
아낙들 너도나도 다 동원되고
집집이 십시일반 정성을 다한다

이날은 모든 일사 금남일 여자들 독점
푸짐한 음식물에 도씨 달래는 풍물
북 치고 장구 치고 꽹과리까지 요란하다

선 아씨 앉은 아씨 다 나와 참석하고
저마다 소지 올리고 소원 빌고 춤도 추며
'많이 먹고 썩 물러가라'
정성 다한 후엔
도깨비불 안심이다

짝 잃은 외기러기

이 봄도 그 집 넓은 마당엔
정자나무 같은 백목련 꽃
흐드러지겠지
가신 임 그리며
하염없이 바라보던 목련꽃

이북에서 청혼한 사이로
각각 피난길에 헤어졌지만
서울 거리에서 만났다는 사연
하늘에서 맺어준 천생연분이리라

몇 십 년 전
여행길 타국에서 짝을 잃고
거금 들여 운구 장례 치르고
일편단심 임의 체취 그리며
홀로 사는
열녀 아닌 열부 그 사람

올해도 목련은 피고
임 그리워 우는 마음 여전하리라

용담호

내 고향을 삼켜버린 용담호*

어릴 적 친구들 만나면 수몰수몰
어린 가슴에 상처도 추억도 많이 남았지

수십 년 잊고 살아왔는데
담수를 바라보는 참담한 심정
이북 실향민은 통일의 희망이나 있지
영원히 사라진 고향 잃은 서러움
만나면 젖는 눈시울 함께 나누었지

이런 허전함을 아는지 모르는지
배꾸리도 엄청 커서
학교와 향교, 약수터에서 논밭까지
다 먹어 치우고도 시치미 뚝 떼고
먼 하늘 바라보며 출렁거린다

이제는 목마른 호남의 젖줄로 사랑받는다고
요염한 몸짓으로 넘실거린다

* 용담호 : 호남의 댐, 피해지역 5개면.

뒤돌아본 길

부모님이 태워주신 꽃가마 길이
영원할 줄 알았답니다

우물 안 개구리로
세상에 나와
오르막길 내리막길
가시밭길 돌밭길
넘어지고 미끄러지고
고난도 많았습니다

헤치고 개척하고 쉬지 않고 가다 보니
평온하고 넓은 길도 만났습니다
사 남매 보배도 얻었답니다

안정되고 평탄한 길 어디쯤 왔을까요

불쑥, 불청객이 동행을 요청합니다

노을이 물드는 굽이굽이 백발 아래
주름진 사이로 끼어드는 황혼길
천천히 쉬엄쉬엄 묵묵히 같이 가렵니다

감나무 영감님

소꿉놀이 어린 시절
감꽃 뚝뚝 떨어지면
실 꿰어 목에 걸고 화관도 만들어
너는 신랑 나는 각시 함께
소꿉놀이했었네

여름이면
뜨거운 매미 소리 품어주던
나무둥치 초록 잎새 정겨웠네

애지중지 기른 자식 말없이 떠나보내고도
높은 가지 까치밥 몇 술 남겨 놓았네

서릿발에 밟힌 옷자락 훌훌 벗어 던지고
천사의 미소로 성자처럼 서 있네

눈밭 사진

눈 덮인 세상
강물도 얼고 바다도 얼었다

눈이 오면 신바람 났던 유년 시절
새하얀 융단 위에 사진을 찍었지
벌러덩 드러누워 전신사진 찍고
손바닥도 발바닥도 찍었지
누가 제일 예쁘게 나왔나

눈사람도 만들어 싸움도 하고
서로 다투기도 했었지만
그 시절 그리며
눈 내리는 창밖을 본다

세월은 가도 추억은 남는다 했지
눈 내린 날은 예나 지금이나 여전한데
우리들 백발이 훈장처럼 날려도
만나면 아직도 고향의 어린 시절로 돌아간다

네 잎 크로버

해 질 녘 산책길에 우연히 만난 너
초등학교 어린 시절 나의 친구였지

운동장 건너 언덕에 엎드려
너도나도 행운을 찾았지

백점 맞을까 빵점 맞을까
꽃반지 끼워주고
목걸이 걸어주고
깔깔대던 그 시절
뒤적여 찾은 행운

반갑다 옛 친구
너는 세월을 잊었느냐 착각했느냐
고운 자태 그대로구나

삼일절 백주년

삼일절 백주년
다시 치미는 분노의 화면들
일제 강점기말 그때가
내 유년기였지요

까만 정복에 번쩍번쩍 금빛 단추
군화 신은 옆구리에 긴 방망이
절그럭절그럭 소리만 들어도
어른 아이 할 것 없이 오금이 저렸지요

어머니는 가끔 순사가 밥 조사 온다고
밥 위에 시래기를 얹어 주시곤 했지요

저녁 솥에 주걱이 꽂혀 있으면
또 죽이야 발 동동 구르며 울기도 했어요
남들은 죽도 못 먹는 집 많아
꼭 안아 달래주셨어요

어린 눈으로는 상상도 못 했던 그때
희미한 추억에 젖어봅니다

독도

일제강점기를 보고 자란
우리들의 두 눈이
시퍼렇게 살아있는데
독도를 빼앗겠다고
생떼를 쓴다니
그 조상에 그 후손들
한심한 저 작태들

잔인한 가을
– 양평에서

아침이슬에 몸단장하고 연두색 드레스에
고은 자태 자랑하던 숲속의 공주 여치

이마에 두 촉수 딱 세우고
예쁘고 긴 더듬이 양 호위 삼아
방충망을 한없이 올라간다

즐겁게 메아리치던 노래 소리 어디 두고
이게 웬일이니
할머니 나 춥고 배고파

차라리 네가 모기라면
피 한 방울 나눌 수도 있겠다만
식성도 모르고 난감하구나

며칠 뒤에 주검으로 발견되더니
사마귀 호랑나비 매미도 죽어가는 것을 보았지
영롱했던 자연의 빛

맑고 화사했던 소리
다 지워버린 가을

대량 살상자
하늘에라도 확 고발해볼까 보다

■□ 해설

삶의 향기를 찾아가는 자전적 회고시

지하선(시인)

1. 시인은 언어의 퀼트(quilt) 장인(匠人)

누군가 시는 그 사람의 삶이라고 말했다. 그리고 삶을 통한 경험은 환경과 끊임없이 접촉하면서 이루어지는 관계라고 했다. 또한 릴케는 이러한 체험의 총체가 바로 시라고 말하기도 했다. 다시 말하면 체험의 바탕 위에 상상의 깃털을 넣고 언어로 곱게 누비어 그 체험을 새롭게 재창조해내는 것이 시라고 생각한다.

우리의 일생은 어제와 오늘 그리고 미지의 내일을 순간순간 이어가는 체험과 체험의 연속이다. 어제의 시간들 위에 오늘을 붙이고 오늘이라는 조각 사이로 내일을 끼워 넣으면서 어느 때는 초조하게 발을 동동 구르기도 하고 '오늘 못 하면 내일 하지' 느긋

하게 한 조각을 밀어 놓기도 한다. 하지만 그 잇대지 못한 오늘의 한 조각을 내일에 찾아보면 어느 순간 사라지고 없는 경우가 많다.

시인은 어제(체험)라는 바탕 위에 오늘의 조각들을 올려놓고 내일(상상)이라는 상상의 날개 끝에서 펄럭이는 색색의 언어를 곱게 퀼트하는 장인이라고 말하고 싶다. 나이가 들수록 그 미래의 조각을 잃어버리고 어제의 조각만 만지작거리며 후회와 회한의 노래를 슬픔으로 연주하는 사람들이 있지만 시인은 아니라고 생각한다.

100세 시대를 맞는 현대에서 'Well-aging(현명하게 잘 늙어가기)' 삶의 본보기가 되는 박정양 시인의 시편들이 바로 그렇다. 박정양 시인은 시간의 흐름을 눈으로 보고 손으로 만지듯 피부로 느끼면서 삶의 갈피마다 스며드는 아쉬움과 회한, 유장하게 흐르는 시간 속에서의 존재의미, 연륜이 쌓일수록 깨닫는 삶의 의미 그리고 현장감 있는 리얼리티로 시적 진실을 표현하고 있다.

시집 『내 이름을 찾았다』는 80평생 살아온 자신의 이야기를 담담하게 들려주면서 독자로 하여금 '인생의 의미'에 대한 해답을 스스로 추구할 수 있도록 삶의 넓이와 깊이를 재는 사유를 담고 있다. 이제 그의 시편들을 열어 박정양 시인이 뒤돌아보며 우리에게 전하고자 하는 삶의 향기를 찾아가 보도록 한다.

2. 삶의 향기를 찾아서

먼저 아래의 시에서 우리는 시인의 따뜻한 마음의 향기가 새어나옴을 느낄 수 있다.

   사람들의 눈길 끄는 찰나
   비바람에 고개 떨군 채
   나를 보고 눈물 뚝뚝 하소연한다

   일 년의 기다림이 참으로
   애처롭다

   못다 이룬 사랑, 스러져 가는 것이
   너뿐이더냐
   인간사 만물이 매한가지인 것을

   - 「라일락 2」 부분

이규보는 '시 지을 때 좋은 꽃을 보지 못하면 붓을 들어도 아름다운 글이 나올 수 없네(詩作非名花筆下無妍詞)'라고 했다. 비바람에 시달린 라일락 한 송이에서도 눈물을 보고 그 눈물이 '애처로운 기다림'이었음을 함께 느끼는 따뜻함이 시인의 정서다. 마음먹은 대로 다 이루지 못하고 스러져 가는 것이 만물의 이치임을 일깨워 주는 구절 어렵지 않으면서 참으로 할머니의 옛날이야기처럼 따스하다.

또한 아래의 시편들에서는 박시인의 자애로운 향기를 느낄 수 있다.

> 주인에게 버림받고
> 거리에 내몰린 너
> 폐기물이란 이름표 달고
> 눈물만 뚝뚝 흘린다
>
> -「버려진 장롱」부분

> 저 어린 것들 언제
> 된서리에 허리 꺾일까
>
> 바람 소리마다

가슴 도려내는 아픔일 텐데

　　　어찌할까
　　　강철 같은 계절이 올 텐데

　　　-「초겨울 민들레」부분

　폐기물로 버려지는 하찮은 사물에게도 측은지심을 가지는가 하면, 다른 꽃들은 이미 다 지고 추운 계절인데도 꽃을 피우는 작은 민들레꽃 한 송이를 보고도 "바람 소리마다/ 가슴 도려내는 아픔일"거라고 스스로의 아픔인 양 안타까워하는 진술이 특별한 의미로 상승되고 있다.
　맘몬 사상이 지배하는 각박하고 몰인정한 이 시대에 박시인이 살아온 삶은 온정이 넘치고 이웃의 아픔을 함께했던 옛 선조들의 품앗이나 두레의 정신이 깃들어 있음을 본다.

　　　몇 십 년을 한집 식구로
　　　살아왔는데
　　　하룻밤 사이에
　　　그리 허망하게 떠나가다니

나를 그토록 사랑했기에
짙은 향 꽃대 세우고
군자답게 대쪽같이 곧은길만 가더니
그렇게도 속수무책 꺾일 줄이야

거센 한파 예리한 칼바람이
얼마나 괴롭고 두려웠을까

생명의 계절이 와도
너는 가고 나만 봄이구나

 -「군자란」 전문

 사물을 바라보는 눈은 연령, 성별, 자라온 환경에 따라 조금씩 차이가 있을 수 있다. 그러나 사물에 대한 인식은 연륜이 더해갈수록 부정에서 긍정으로 예리함에서 부드러움으로 바뀌어가게 마련이다. 시인은 손수 기르던 군자란이 한파로 얼어 죽은 것에 대해 안타까워하는 심정 "생명의 계절이 와도/ 너는 가고 나만" 남는 별리(別離)에 대한 애절한 표현을 솔직 담백하게 진술하고 있다.

"거센 바람 된서리가 때려도/ 신음소리 비명소리 내지 말고/ 인내심으로 꾹 참고"(위기의 민들레) 기다리라는 진술은 박시인 자신이 살아온 고백이기도 하다.

  지나쳐도 되는 작은 생명에게도 사랑의 눈길이 머물게 되는 것은 자비의 심정에서 우러나오는 것이 아닐까 싶다. 또한 온갖 풍상 견디면 봄이 올 것이라는 기대와 희망이 시인을 80이 넘어서까지 시를 쓰게 한 힘이 아닐까 생각한다.

  다음으로 박시인의 시편들에서는 포근한 모성의 향기가 물씬 풍기기도 한다.

>척박한 땅에서 저리 곱게 자랐을까
>대견하고 예쁘고 고맙기만 하다
>
>– 「라일락 1」 부분

>겨울 독기에도 주눅 들지 말고
>괴로움 삭히고 눈물 감추어
>네 안을 단단히 버티어내면
>기적처럼
>새봄의 요정이 너를 찾아올 거야

> 고즈넉이 기다리는 너에게
> 햇살 한 아름 펼쳐 놓고
> 푸른 융단 깔아 놓으면
> 담장엔 환희의 문이 활짝 열릴 거야
>
> -「겨울담쟁이」 부분

척박한 땅에서도 잘 자라 꽃을 피운 라일락은 박시인의 자녀들일 것이다. 어엿하게 장성하여 제 몫을 다하는 아들딸은 어머니에게는 더없이 "대견하고 예쁘고 고맙기만" 하다.

아마도 박시인은 어떤 시련에도 "주눅 들지 말고/ 단단히 버티어 내면" 반드시 인생의 새봄은 올 것이며 "환희의 문이 활짝" 열릴 것이라고 용기와 희망의 메시지로 자녀들을 양육했을 것이다. 시어 한 마디 한 마디에 어머니의 사랑이 묻어 있다.

3. 자전적 삶의 이야기

아래의 시는 박정양 시인의 지금까지의 삶을 요약

한 자서처럼 읽힌다.

  뉘 집 딸로 태어나
  누구의 언니고 동생이었지
  내 이름은 없었다

  결혼을 했어도
  어느 댁 며느리고
  아무개 아내였다
  자식을 낳으니
  누구의 엄마
  또 손자를 보니
  누구 할머니다
  어디를 가도 내 이름은 없다

  - 중략

  청춘을 되찾아 준 내 이름 석 자
  여기 묵화에도 저기 책갈피에도
  푸릇푸릇 살아 있다

  -「내 이름은 없었다」 부분

박시인이 태어났을 당시의 우리나라는 근대화의 문으로 들어서는 입구에 있었지만 아직은 봉건적인 유교사상이 짙게 깔린 탓에 농어촌에서는 여자들이 교육의 혜택을 받기가 쉽지 않은 시대였을 것이다. 하여 예로부터 내려온 '삼종지도(三從之道)'의 사상이 지배를 하고 있었던 사회였을 것이니, 뉘 집 딸이었고 아무개 아내였고 누구의 엄마일 수밖에 없었을 것이다.

100여 년 전만 해도 얼굴이 예쁘면 '입분이' 딸이 많은 집에서는 아들을 낳고 싶은 염원에 '딸막이'라고 별 뜻 없이 입술에서 나오는 대로 이름을 짓기도 했다. 심지어는 출생신고할 때도 문맹의 부모가 자식의 이름을 못 지어 면서기 좋을 대로 호적에 올리기도 했다는 이야기도 있다.

아마도 시인이 '박정양'이라는 이름으로 불리게 된 것은 회갑도 지나 고희가 다 되었을 때가 아니었을까 싶다. 이름을 불리게 되면서 "청춘을 되찾은" 박시인은 이제 이름뿐 아니라 시인이라는 대명사도 얻고 시집까지 출간하게 되었으니 "푸릇푸릇" 싱싱한 젊음으로 돌아간 듯한 기쁨이 매우 클 것이다.

이제 어엿한 박정양 시인이라는 이름으로 사는 시

인의 따뜻하고 자애로운 모성이 라일락 향기처럼 퍼지는 것은 그의 유년으로부터 시작된 듯싶다.

    TV에서 삼일절 백주년 기념 영상을 본다

    일제 강점기말 그때가
    내 유년기였지요

    - 중략

    어머니는 가끔 순사가 밥 조사 온다고
    밥 위에 시래기를 얹어 주시곤 했지요

    저녁 솥에 주걱이 꽂혀 있으면
    또 죽이야 발 동동 구르며 울기도 했어요
    남들은 죽도 못 먹는 집 많아
    꼭 안아 달래주셨어요

    -「삼일절 백주년」부분

  박정양 시인의 유년기는 일제 강점기, 제2차 세계대전이 막바지로 치닫고 있을 무렵, 일본은 전쟁에

만 몰두할 때였다. 놋그릇을 모두 수거해 갔다고 하더니 아마도 쌀도 걷어 갔나보다. 어린 눈으로 본 그 당시 상황은 모두 두려움뿐이었을 것이다. 그 두려움을 꼭 안아 달래주셨던 어머니의 사랑이 대물림하고 있음을 각 시편에서 볼 수 있다.

  삼일절 백주년(2019년)에 어린 시절을 떠올리며 해방 후 한 세기가 지난 지금 그때에 비할 수없이 잘사는 현재에 안주하기보다 다난(多難)했던 과거를 후손들에게 일깨워 줌으로써 더 풍성한 미래를 살라는 어머니의 마음이 읽혀진다. 다음의 시에서 더더욱 그런 시인의 진심이 드러난다.

    수십 년 잊고 살아왔는데
    담수를 바라보는 참담한 심정
    이북 실향민은 통일의 희망이나 있지
    영원히 사라진 고향 잃은 서러움
    만나면 젖는 눈시울 함께 나누었지

    이런 허전함을 아는지 모르는지
    배꾸리도 엄청 커서
    학교와 향교, 약수터에서 논밭까지
    다 먹어치우고도 시치미 뚝 떼고

먼 하늘 바라보며 출렁거린다

이제는 목마른 호남의 젖줄로 사랑받는다고
요염한 몸짓으로 넘실거린다

- 「용담호」 부분

  유년기 일제 강점기의 어두운 시대를 보냈지만 그래도 따뜻한 어머니의 품이 있었고 아버지의 근엄한 말씀이 머물던 곳이다. 그곳에 서면 다시 어린 시절로 돌아간 듯한 포근한 추억에 안기기도 했던 고향이 수몰지구가 되었으니 "고향 잃은 서러움"은 어머니를 여읜 슬픔과 다름없다.
  문명의 발달은 편리함과 빠른 속도를 가져왔지만 그 뒷면에는 반드시 희생되는 그 무언가가 있게 마련이다. 고향을 다시 볼 수 없는 절망은 죽음이고 고향을 꿀꺽 삼키고도 천연스레 출렁이는 물결이 허무하기도 하지만 시인은 내 고향을 잃고 얻은 것이 "호남의 젖줄"이라는 대의(大義) 앞에 숙연할 뿐이다.

  우리 조상으로부터 내려오는 미덕에는 효(孝)의 정신을 제일로 꼽을 수 있다. 박시인은 지극한 정성으로 백세 시어머니를 모신 효부(*孝婦*)이기도 하다.

  옛말에
  아낙네들 시집살이가
  누워서 명주꾸리 하나 감기만 했다지요
  그 세월 육십여 년 살았습니다

  서릿발 같던 성정도
  어느덧 무뎌지고
  철없는 아이처럼
  응석부리는 모습 볼 때면
  인생의 무상함을 새삼 느낍니다

  싸락눈 휘날리며
  수선했던 날들은 세월 속에 묻어버리고
  어머님은 노인정에
  며느리는 복지관에
  함께 등 굽은 황혼길을 갑니다

    ―「백세 시어머니를 모시고」 전문

박시인은 팔순이 넘어서까지 시어머니 삼시 세끼를

꼭 차려드리는 효부였다. 백세시대가 됨에 따라 노인이 노인을 봉양해야 하는 현대가 되었다. 그 현실을 참으로 지혜롭게 산 시인은 시집살이를 "명주꾸리 하나 감기만"하다고 표현했다.

  명주실은 아주 가늘고 질기다. 옛날에 누에를 기르고 누에에서 실을 뽑아 명주실을 잣아 감는 일이 얼마나 힘들었으면 "눈감고 삼년 벙어리 삼년 귀머거리 삼년"이라는 '시집살이'에 비유되었을까. 아마도 박시인은 젊어서 호된 시집살이에 많이도 울었나 보다.

  "서릿발 같던 성정이 싸락눈 내리듯 잦아지고" 며느리도 시어머니도 백발친구가 되어 함께 "황혼 길을 걷는" 고부(姑婦)가 되기까지 부단히도 부덕(婦德)을 쌓은 박시인의 고운 성품이 엿보이기도 한다. 그러나 어쩌랴, 오늘의 고부가 되기까지는 안으로 삭히고 삭힌 말 못할 속앓이가 얼마나 쌓였을까?

    내 육신 좀 먹는 스트레스
    이십 대 새댁부터 시작된
    고부갈등 육십여 년

    어린 자식 먼저 보낸 죄책감
    삭이지 못하고

목젖까지 차오르며
등덜미 잡고 따라 온다

허공을 떠도는 그림자 하나
맘 둘 곳 없어 시름시름 지쳐만 간다

세월의 갈피마다
구겨진 시간들
누렇게 떠버린 뼛속까지
욱신거리며 온몸을 파고든다

오랜 가슴앓이
노을 진 한숨으로 늘 같이 간다

- 「동행」 전문

　현대의학에서 모든 질병의 가장 큰 원인을 '스트레스'라고 한다. 위장병의 70%는 스트레스가 주요인이라고 한 기사를 읽은 적이 있다. 모든 사람들은 언제 어디서나 '스트레스'를 받기도 하고 또 주기도 한다. 그렇게 주고받는 스트레스의 제일 요인이 서양에서는 장서(丈壻) 갈등으로 이혼의 원인이 되기도 한다는데, 우리나라에서는 고부갈등이다. 그 고부갈등이 건널 수 없는 강처럼 크게 불거진 것은 "핏덩이 어린 자식을 잃은 후"부터라는 이야기를 필자가 들은 적이 있다.

　누군가 마음은 종이와 같다고 했다. 한번 구겨지면 다시 원 상태로 돌리기가 쉽지 않다. 한번 받은 상처는 "뼛속까지/ 욱신거리"지만 어쩔 수 없이 평생 동행하게 된 "가슴앓이" 박시인은 이런 한(恨)을 안고 평생을 견뎌왔다.

　이러한 한(恨)과 갈등은 동서고금을 막론하고 여자의 숙명일 것이다. 수단과 방법만 조금씩 다를 뿐 인류가 존재하는 한 이 지구상 모든 여자들이 져야 하는 과제이며 짐이 아닐까 싶은 이 시련을 굳건한 심지로 자식 사랑으로 참고 살아낸 박시인은 이 시대 어머니의 표상이기도 하다.

　이제 팔순의 고개를 넘어 가면서 박시인은 세월과 동행하는 삶의 지혜를 깨닫게 된다.

　　나는 소중한 것을 잃고도
　　증거도 물증도 없으니
　　도난신고도 못 하고 냉가슴 앓았다

윤기 나던 단발머리 파마머리
어느 도둑이 훔쳐갔는지
갈수록 무너지고

만만치 않은 위장술
허술한 틈을 타
완전정복 당하고

이 정체는 무엇인가 무엇인가
생각하고 찾다 보니
세월이란 괴물이
혼자 가긴 외롭다고
동행을 강요했나보다

어쩌랴 백발이 나의 세월을 훔쳐간 것을.

- 「백발」 전문

 우리가 살다 보면 급한 것에 쫓기다가 소중한 것을 놓치는 경우가 많다. 그 당시는 모른다. 다급한 것을 해결하는 게 급선무라 여겼기 때문에 무엇이 소중한지조차 감각 없이 산 적도 있다. 따라서 젊음이 어느 순간 사라진 것을 깨달았을 때에야 그때 그 시간이 소중했던 것인데... 냉가슴을 앓는다. "월이라는 괴물" 앞에 이길 장사 없고 "동행을 강요" 당해도 거절하지 못해 함께 가다 보니 내 싱싱한 날을 다 "훔쳐 갔음"을 깨닫는 인생, 그저 허무함뿐이라고 생각하는 우리에게 꼭 그렇지만은 않다고, 그 세월과 행복했음도 노래하고 있다.

바로 "붓끝에 내 인생"이 "미지를 찾아가는 등불" (오래된 벼루)이었기에 "20여 년 함께해온" 시간이 사랑과 행복이라고 고백하고 있다. 박시인은 나이듦에 따라 좋아하는 취미의 길을 찾으면 세월에 앞서 행복할 수 있다고 말하는 것이다.

그만이 아는 아름다운 삶의 향기가 "묵향처럼 출렁"이고 있다.

4. 자아 성찰의 회고

    부모님이 태워주신 꽃가마 길이
    영원할 줄 알았답니다

    우물 안 개구리로

세상에 나와
오르막길 내리막길
가시밭길 돌밭길
넘어지고 미끄러지고
고난도 많았습니다

헤치고 개척하고 쉬지 않고 가다 보니
평온하고 넓은 길도 만났습니다
사 남매 보배도 얻었답니다

안정되고 평탄한 길 어디쯤 왔을까요

불쑥, 불청객이 동행을 요청합니다

노을이 물드는 굽이굽이 백발 아래
주름진 사이로 끼어드는 황혼길
천천히 쉬엄쉬엄 묵묵히 같이 가렵니다

– 「뒤돌아본 길」 전문

    위의 시는 지금까지 살아온 한평생을 요약한 자전적 고백이다. 철모르는 어린 나이에 부모님 말씀에

순종하여, 또는 사랑하는 사람을 만나 결혼하는 것이 꽃길처럼 아름다울 거라고 생각하는 것은 박시인뿐 아니라 모든 여자들의 착각이며 환상일 것이다.

　인생길은 수많은 갈래로 갈라지고 그 갈림길에서 선택해야 하는 갈등이 있고 그 선택한 길을 묵묵히 가야 하는 것이 여자의 운명이라고 생각했던 시대의 박시인은 그 길이 그렇게 험난한 고통의 길만은 아니었다고 고백한다. 그 이유는 "사남매 보배"를 얻었기 때문이다.

　태의 열매 자식은 하늘이 주는 선물이다. 나의 일생을 헌신해도 아깝지 않는 소중한 존재라는 자식 사랑이 전부인 어머니의 마음을 깊이 느낄 수 있다. 그러나 돌아보면 '불청객'이 찾아와 동행을 하니 어쩌랴 그래도 '세월의 흐름'에 순응하고 긍정적으로 받아들이는 시인의 성정이 참으로 아름답다.

　산을 오르면서 뒤돌아보면 지금까지 오른 길이 보인다. 까마득히 내려다보이는 구불구불한 길을 보며 스스로 자랑스러워 해본 적이 있는 사람은 박시인의 마음에 공감할 것이다.

　어디쯤 왔을까 내가 온 뒷모습을 돌아보는 일은 스스로 자아를 성찰하는 고백이기도 하다.

그래 밝은 데서 정면 승부를 가리자
요놈들
아무리 찾아봐도 간 곳이 없다
더 이상 숨바꼭질할 수도 없어
놓치고 생각하니

모기 한 마리 이기지 못하는 주제에
평생을 어찌 살았을까
나약한 자신이 부끄럽기만 하다

- 「한여름 밤의 전쟁」 일부

여름이면
뜨거운 매미 소리 품어주던
나무둥치 초록 잎새 정겨웠네

애지중지 기른 자식 말없이 떠나보내고도
높은 가지 까치밥 몇 술 남겨 놓았네

서릿발에 밟힌 옷자락 훌훌 벗어던지고
천사의 미소로 성자처럼 서 있네

- 「감나무 영감님」 일부

 나이가 들수록 '입은 닫고 주머니는 열라'는 말을 심심찮게 듣는다. 그 말 뒤에는 노인 특유의 고집이나 아집은 버리고 스스로 나이듦을 인정하고 벼가 익을수록 고개를 숙이듯 겸허한 자세로 살라는 말이 아닐까 싶다
 박시인은 나이듦에 대한 자신을 "모기 한 마리 이기지 못하는 나약함"으로 평생 어찌 살았는지 부끄럽다고 고백한다. 자기 자신을 돌아보고 성찰하는 모습이다. 세월이 갈수록 외모는 쇠잔해가도 내면이 성숙해 가는 사람은 "천사의 미소"로 살아온 시간을 묵묵히 돌아보는 여유도 갖게 된다.
 평생 시부모님 봉양하면서 사 남매를 양육해온 대가족 며느리로서의 삶이 이제야 여유롭게 된 자신을 표현한 듯싶다. 감나무처럼 홀로 남은 여생 앞에 서서 여유롭게 지난 세월을 바라보는 시인이야 말로 달관한 '성자처럼' 사는 게 아닐까 생각한다.

 박정양 시인의 시편들은 현대시의 커다란 화두인 '비틀기'나 '낯설게 하기'에서는 어느 정도 비켜나 있지만 나름대로의 시각으로 세상과 사물을 새롭게 보

며 뜻매김을 하고 있다. 특히 자신만의 정서를 확보하고 그것을 시적 진실로 승화한 시편들을 이 시집에서 발견할 수 있음은 독자로서는 기쁨과 즐거움이 아닐 수 없다. 한 여인의 일생을 담담하게 기술한 이 시들에서 독자들은 많은 공감을 하고 함께 행복해 할 것이라고 믿는다. 앞으로도 더욱더 건강한 모습으로 노익장을 과시하는 시들을 직조해 내기를 기원하며 『내 이름을 찾았다』 시집 상재를 축하하는 바이다.